APPEL

AUX HONNÊTES GENS

A PROPOS

DES ÉLECTIONS

Prix 5 cent. l'exemplaire, *franco*, par la poste, pour toute personne qui demandera 50 exemplaires.

Un exemplaire pris chez les libraires, 10 cent.

Pour toute demande importante et pour toutes les livraisons qui devront être envoyées par la poste, s'adresser à M. COMTE, rue de l'Arbre-Sec, 27, à Lyon.

57b
7

APPEL AUX HONNÊTES GENS

Honnêtes gens, réveillez-vous, il est temps ; il s'agit de vos intérêts les plus chers, il s'agit du salut de la Patrie. Ouvrez enfin les yeux, et considérez entre les mains de qui vous avez confié les affaires du pays, et comment ces affaires sont gérées ; et, par de bonnes élections, sauvez la France de l'abîme où des mains imprudentes et coupables la conduisent.

Jetons d'abord un coup d'œil sur l'état de nos finances et de nos impôts.

Il est de fait que le citoyen français est le citoyen le plus imposé du monde, comme la France est la nation la plus endettée de l'Europe ; plus de 34 milliards de passif.

En Amérique l'impôt par tête arrive à 35 fr. ; en Espagne à 33 fr. ; en Russie à 36 fr. ; en Allemagne à 50 fr. ; en Italie à 56 fr. ; en Angleterre à 70 fr., et en France à 115 fr. Et M. Ferry a annoncé qu'après les élections les impôts seraient encore augmentés. « Vous ne pouvez échapper à de nouveaux impôts, a-t-il dit aux membres de la Commission du budget ; il n'en faut pas parler maintenant, à cause de la période électorale qui va s'ouvrir ; mais, une fois les élections faites, nous y reviendrons fatalement. »

Mais, dit-on, cet état de choses est une conséquence de la guerre de 1870 et des crimes de la Commune. C'est là une erreur assez répandue, de laquelle il importe de faire justice.

Déjà en 1877, sous l'ordre moral, les charges généreusement acceptées, courageusement supportées par le pays, après nos malheurs, avaient ramené l'ordre et même la prospérité dans nos finances ; et le gouffre creusé par la guerre désastreuse de 1870 était comblé lorsque, ensuite, des dépenses exagérées, sans mesure et sans profit, ont fait perdre tout le fruit de ces sacrifices et, en quelques années, ont rendu notre dette la plus lourde de l'Europe. M. le Ministre des finances est forcé d'avouer que le déficit va chaque année en augmentant ; en 1882 il accuse 42 millions de déficit ; en 1883, 85 millions ; en 1884, 150 millions, et en 1885, 300 millions.

M. Daynaud, dans un discours prononcé à la Chambre, le 22 juin dernier, a montré par des chiffres précis que la République avait endetté la France plus que tous les gouvernements précédents, plus que la Restauration, que le gouvernement de Juillet et que l'Empire, et il conclut par ces paroles qui donnent à réfléchir :

Notre dette publique exige aujourd'hui un prélèvement de 45 % sur les recettes totales du budget.

Or, tous les économistes s'accordent à dire que cet état est très périlleux pour les finances publiques. Ces 45 % une fois atteints, le moindre accident peut être désastreux et amener un moment inévitable, où il faut un arrangement entre le débiteur et ses créanciers.

En matière commerciale, ce concordat, cet arrangement s'appelle faillite et banqueroute (1).

Mais comment est-on arrivé à un déficit aussi énorme, à des dettes aussi fantastiques ?

Entrons dans quelques détails, en commençant par les petites choses, avant d'aborder les plus importantes.

1° On donne jusqu'à 8 millions de pension aux victimes du 2 Décembre. Qu'était-ce que ces victimes ? Ces prétendues victimes, à quelques exceptions près, formaient la lie la plus impure de la population. Il y avait là tout l'état-major de ce que le désordre et le crime contiennent de plus dangereux et de plus pervers. On y comptait des voleurs, des incendiaires, des assassins. Il y en avait parmi le nombre qui avaient commis leurs crimes avec des circonstances à rappeler les scènes des cannibales. On en a vu s'emparer des gendarmes, les lier, les insulter, les massacrer, ensuite tremper les mains dans le sang des victimes et organiser des

(1) On sait que la première République, après avoir dissipé, outre les impôts annuels, 14 milliards d'assignats, 1 milliard des biens des hôpitaux et 3 milliards des biens du clergé, a fini par aboutir à la banqueroute.

farandoles autour de leurs cadavres encore chauds. Eh bien, ces assassins condamnés par les tribunaux étaient dignes de la République. Graciés d'abord, ils sont aujourd'hui pensionnés par l'Etat ; ils reçoivent un secours annuel allant, pour la plupart, jusqu'à douze cents francs, et dont le total s'élève à huit millions par an. Dernièrement encore n'avons-nous pas vu le Conseil municipal de Paris voter 2,000 fr. pour les funérailles du citoyen Amouroux, fameux communard qui avait fait fusiller les otages, et incendié Paris au moment de la Commune ?

Honnêtes gens, que pensez-vous de cette sympathie, de cette générosité de nos gouvernants pour de telles gens ?

2° Pour satisfaire l'avidité républicaine, on a créé un grand nombre d'emplois nouveaux, aucun nécessaire, la plupart complètement inutiles et tous largement rétribués, et dans ce but on a augmenté de 100 millions le traitement des fonctionnaires.

Honnêtes gens, que pensez-vous de cette prodigalité républicaine ?

3° D'après l'aveu de M. Andrieux lui-même, le Ministre de l'intérieur, outre son traitement de 600 mille francs par an, reçoit chaque année un supplément de deux millions. Ces deux millions, il en dispose comme il veut ; il n'en rend compte qu'à sa conscience, et quand il n'a pas de conscience, il n'a pas de compte à rendre.

4° On a dépensé un milliard deux cents millions

pour élever des palais scolaires, et dans quel but ?
Pour la plus grande démoralisation de l'enfance et
de la jeunesse. Pendant que toute la nature chante,
manifeste la gloire du Créateur, pendant que tous
les peuples, sans exception, même les plus sauva-
ges, reconnaissent et adorent la Divinité, et regar-
dent la religion comme la base de toute grandeur,
de toute civilisation, on ne comprend pas comment,
chez un peuple prétendu civilisé, des législateurs
ont pu admettre l'athéisme comme base de l'éducation, et comment des parents ont pu admettre
pour leurs enfants de semblables monstruosités. Il est
évident que, si l'on ôte l'idée de Dieu (1), il ne reste
plus de sanction au bien, à la vertu, et par suite
plus d'éducation. Un enfant élevé sans religion est
un enfant livré sans frein à toute la fougue de ses
passions, de ses instincts mauvais. Aussi J.-J. Rous-
seau disait : « qu'on devrait traduire devant les
tribunaux les parents qui envoient leurs enfants
dans des écoles sur les portes desquelles il est écrit :
Ici on n'enseigne pas la Religion. »

(1) Ecoles athées. — Dans les manuels mis entre les mains des
enfants de ces écoles, le nom de Dieu est partout systématiquement
omis. Le Conseil municipal de Paris, dans une séance du mois de
mai dernier, a même décidé qu'on ne mettrait désormais, entre les
mains des enfants, que des livres dans lesquels le nom de Dieu bril-
lerait par son absence. De plus, pour se conformer aux intentions
du gouvernement qui les nomme, les instituteurs qui dirigent ces
écoles sont tenus, en général, à se montrer irréligieux et libres-pen-
seurs. On comprend quelle influence cet enseignement et ces exem-
ples doivent exercer sur l'âme de ces jeunes enfants.

Par suite de ce système, le prix de revient de
l'éducation de chaque enfant, qui était autrefois de
12 fr. 36, est porté aujourd'hui à 26 fr. 70, les
contribuables payant dès à présent, pour l'applica-
tion des lois Ferry, une somme annuelle de 90 millions qui ne tardera pas à être forcément doublée.

Honnêtes gens, que pensez-vous de ce gaspillage
d'argent ayant pour but la démoralisation de l'enfance ?

5° La république, qui s'annonçait comme une ère
de paix et de tranquillité, s'est toujours maintenue
en état de guerre : guerre avec la Tunisie, guerre
avec Madagascar, guerre avec le Tonkin et avec la
Chine. Cette dernière guerre nous a été particuliè-
rement funeste. Elle a absorbé à elle seule plus de
cinq cents millions, et elle nous a enlevé, avec 10,000
soldats, le plus valeureux de nos hommes d'armes,
le célèbre amiral Courbet. Mais comment expliquer
la durée de cette guerre, qui a été presque inter-
minable ? Pour le comprendre, il faut se rendre
compte de la situation politique de la France. La
France en république est naturellement mal vue des
autres puissances européennes, qui, à l'exception
de la Suisse, sont à l'état monarchique. La France
en république, avec sa puissance de propagande, est
une menace pour les autres Etats : elle tuera les
monarchies, ou les monarchies la renverseront. On
comprend de là que nous n'avons pas et que nous
ne pouvons avoir d'alliés en Europe. Quand nous
sommes allés en Chine, en 1860, nos forces étaient

unies à celles de l'Angleterre, et avec un petit nombre de soldats la guerre fut promptement terminée. Il n'en a pas été de même dans cette dernière guerre : Non seulement nous n'avions pas d'alliés, mais la Chine se sentait soutenue moralement par les autres puissances européennes, qui voyaient avec plaisir nos forces, nos finances s'épuiser peu à peu ; c'est de l'Europe que la Chine tirait ses meilleures armes et souvent les troupes chinoises étaient commandées par des chefs européens.

Non-seulement nous n'avons pas d'alliés, mais nous avons à peu près toutes les puissances unies entre elles contre nous ; et l'on se demande avec effroi quel sort nous serait réservé, si une guerre venait à éclater entre la France et une autre puissance européenne.

En définitive, cette guerre du Tonkin et de la Chine ne nous a donné aucune gloire et a été ruineuse pour nos finances. C'est une possession non moins coûteuse à garder qu'elle ne l'a été à conquérir.

Quand est arrivé l'incident de Bac-Lé, M. Ferry, président du Conseil, avait déclaré que, puisqu'il y avait eu un guet-apens, cela devait se payer, et il avait fixé lui-même à 150 millions la somme à verser par la Chine. Pour terminer plus tôt la guerre, on a fini par renoncer à toute indemnité. Mais la Chine regardant cette renonciation comme une victoire, s'en est prévalue, et l'empereur de Chine disait avec orgueil : « Les barbares d'occident sont venus humblement demander la paix au Fils du Ciel, qui a daigné la leur accorder. »

6° Examinons maintenant comment la République s'est comportée vis-à-vis de l'agriculture, qui est la principale industrie d'un peuple, qui excite chez toutes les nations la sollicitude des gouvernements sérieux et qui, en France, sur 37 millions d'habitants, en compte 27 millions. Non seulement la République a abandonné l'agriculture depuis dix ans, mais elle a, en partie, contribué à sa ruine par des traités de commerce inopportuns, et il a fallu la veille des élections pour ouvrir les yeux de nos gouvernants et les forcer à mettre un impôt de 3 francs sur les céréales. Aussi l'agriculture est-elle en grande souffrance. Un grand nombre de fermes sont abandonnées ; le taux des baux a diminué presque partout de plus d'un tiers ; la valeur des terres a baissé dans les mêmes proportions ; le développement inintelligent de l'instruction primaire pousse les enfants vers les villes, où ils ne trouvent que la démoralisation avec la perte de leur santé et de leurs dernières ressources. En cinq ans, de 1877 à 1882, on a constaté qu'il est sorti près d'un million d'habitants de nos campagnes, pour émigrer à la ville. De là la main d'œuvre se fait rare et chère ; les bras manquent de toutes parts pour la culture des champs ; et l'agriculture est dans un marasme complet, attendant, pour se relever, un gouvernement favorable et protecteur.

7° *Qu'ont donc fait nos représentants ?* Ce qu'ils

ont fait? Ils ont cherché d'abord leurs propres intérêts, se conformant à la maxime du Sage: qui dit que: « *Charité bien ordonnée commence par soimême.* »

M. Andrieux, dans un article de son journal *la Ligue*, rapporte les avantages que les opportunistes savent tirer des élections; nous en détachons quelques lignes. « Si le politicien du village, dit-il, se fait payer par le député les suffrages dont il dispose, le député, à son tour, en échange de ses votes toujours fidèles, obtient du gouvernement, pour lui-même et pour les siens, la manne abondante des faveurs officielles. Celui-là ne peut savoir combien sont fécondes les unions des honorables, qui n'a pas parcouru la liste des sous-préfets, des conseillers de préfecture, des substituts, etc., etc.

« Quant aux ministres eux-mêmes, avides de profiter de l'heureux coup de hasard qui les a portés jusqu'aux sommets fragiles d'où ils seront bientôt précipités, ils se hâtent de jouir des faveurs d'une fortune inconstante, sans oublier l'avenir, et depuis longtemps nous cherchons en vain l'occasion de placer pour l'un d'eux ce vieux cliché démodé: « Il est sorti du pouvoir plus pauvre qu'il n'y était entré. »

Cette préoccupation exclusive de conquérir, de conserver et d'exploiter le pouvoir a depuis longtemps effacé le souci d'une plus noble tâche. La république est comme un champ dont il faut retirer plusieurs récoltes chaque année, au risque d'en épuiser le sol.

. . . .

Nous trouvons dans *le Nouvelliste*, journal de Lyon, une anecdote qui se rapporte en quelque manière à ce sujet. Nous la donnons telle qu'elle est rapportée dans ce journal :

« Les amateurs de belle orfévrerie ont pu admirer ces jours derniers, chez un des grands orfévres du quartier de la Madeleine, un magnifique service de table commandé par M. Charles Ferry, et dont le prix était de soixante-dix mille francs. C'est le même Charles Ferry, frère de Jules, qui, il y a quelques mois, achetait aux héritiers du général Ben-Ayad des immeubles à raison de 600,000 francs l'un.

« On voit que si les aventures tunisiennes et tonkinoises ont coûté cher à la France, elles n'ont pas du moins ruiné tout le monde. »

Ce qu'ont fait encore nos représentants ? Ils ont fait à Dieu et à la religion une guerre acharnée et sans trève. Pour procurer leur élection, ils ont fait appel à tous les mauvais instincts qui germent dans les bas fonds de l'humanité. Comme l'idée de Dieu nous montre un Etre suprême qui voit toutes nos actions, récompense le bien et punit le mal ; comme la religion a pour effet de rappeler l'homme au devoir et à la vertu, pour flatter les passions populaires et laisser pleine liberté au vice, ils ont proclamé l'athéisme et adopté la devise bien connue : *Le cléricalisme, c'est l'ennemi*, devise à laquelle ils ont conformé fidèlement tous leurs actes : ils ont expulsé les religieux ; ils ont brisé les croix ; ils ont chassé Dieu des écoles ; ils l'ont chassé des hôpitaux ; ils l'ont chassé de l'armée ; ils annoncent dans un temps rapproché la séparation de l'Eglise et de l'E-tat ; et ils entendent par là la suppression de tout traitement aux membres du clergé, malgré les conventions faites avec le Pape par le Concordat ; ils ont voté encore dernièrement une loi qui soumet les séminaristes au service militaire, dans le but avoué de détruire par là le recrutement ecclésiastique. En un mot, point de Dieu, point de religion, point de baptême à la naissance, point de mariage à l'église, point de funérailles avec les cérémonies religieuses, afin de ravaler autant que possible l'homme à la bête, tel est le but auquel nos républicains annoncent hautement qu'ils veulent arriver, et cependant la religion a toujours été regardée par tous les philosophes, par tous les législateurs, comme la base de tout ordre social, de toute civilisation. « Supprimez la croyance à la Divinité, dit Cicéron, vous supprimez du même coup la bonne foi ; vous brisez les liens qui unissent les hommes en société ; vous faites disparaître la plus excellente de toutes les vertus, la justice (1). » « Je comprendrais mieux, dit Plutarque, une ville se soutenant en l'air, sans reposer sur aucun fondement, que je ne pourrais me figurer une ville organisée ou maintenue, après qu'on y aurait détruit l'idée de la Divinité qui est le

____

(1) Cic., *de Nat. D.*

lien de toute société, le fondement de toute législation (1). »

« La religion et la morale, dit Washington, sont des bases nécessaires à la prospérité des Etats ; en vain prétendra-t-il à la gloire du patriotisme, celui qui voudrait renverser ces deux colonnes de l'édifice social (2) ».

« Un peuple sans religion, on ne le gouverne pas, on le mitraille, » disait Napoléon Ier.

Nous n'avons pas besoin de dire que déjà les théories républicaines ont produit leur effet : la perte de la foi et des croyances religieuses dans beaucoup d'âmes a produit un débordement de mœurs effréné, et des crimes de toutes sortes, des vols, des assassinats, des suicides, se multiplient sans nombre.

Honnêtes gens qui aimez la Religion, parce qu'elle représente pour vous l'ordre, la vertu, la civilisation, parce qu'elle vous apporte consolation et espérance, que pensez-vous de cette prétention de nos républicains de vouloir détruire tout culte, toute religion en France ?

Honnêtes gens, réveillez-vous, il est temps, vous le voyez, et, par de bonnes élections, sauvez la France des abîmes où des barbares veulent la précipiter.

(1) Plut., *contre Colotès.*
(2) Testament de Washington.

681. — Lyon. Impr. E. Paris, Philipona et Cⁱᵉ, rue Condé, 30.